北京航天长征科技信息研究所·著

漫书保密

别让无知泄露天机

中国经济出版社
CHINA ECONOMIC PUBLISHING HOUSE
·北京·

图书在版编目（CIP）数据

漫书保密：别让无知泄露天机/北京航天长征科技信息研究所著. --北京：中国经济出版社，2021.4（2023.6 重印）

ISBN 978-7-5136-5900-0

Ⅰ.①漫… Ⅱ.①北… Ⅲ.①保密法-中国 Ⅳ.①D922.145

中国版本图书馆 CIP 数据核字（2021）第 055822 号

项目策划 海 毅
责任编辑 孙晓霞
责任印制 马小宾
封面设计 任燕飞设计工作室

出版发行 中国经济出版社
印 刷 者 北京艾普海德印刷有限公司
经 销 者 各地新华书店
开　　本 710mm×1000mm 1/16
印　　张 5.5
字　　数 50 千字
版　　次 2021 年 4 月第 1 版
印　　次 2023 年 6 月第 5 次
定　　价 39.80 元
广告经营许可证 京西工商广字第 8179 号

中国经济出版社 **网址** www.economyph.com **社址** 北京市东城区安定门外大街 58 号 **邮编** 100011
本版图书如存在印装质量问题，请与本社销售中心联系调换（联系电话：010-57512564）

专家委员会

（按姓氏笔画排序）

马力谦　王　庆　李迪克　刘树洪　芦利兵

沈　剑　阮　敬　陆志强　袁　振　曹志杰

编委会

总 策 划 吴　琼

主　　编 李　博

编委会成员（按姓氏笔画排序）

王　磊　邓友成　李　颖　刘佳楠

吴佺兰　季晓菲　唐丽筠　黄小川

梅　飞　崔　钰　解晓芳

前 言

当前，我们正处于中华民族伟大复兴的战略全局和世界百年未有之大变局中，国际与国内安全挑战错综复杂，传统与非传统安全问题深度交织。在国家安全和日常保密工作中，虽然没有滚滚硝烟和惊涛骇浪，但始终存在着云谲波诡和暗流涌动。从外部看，随着中国综合国力的不断增强，境外敌对势力对我国进行渗透和间谍活动的力度也在逐渐加大，以“攀拉搭讪”和“高薪兼职”为代表的新手段和新方式层出不穷。从内部看，仍有一部分涉密人员和有机会接触到国家秘密的其他人员存在麻痹大意思想，对涉及国家安全和国家秘密的“底线”和“红线”认识不足，导致思想的“防火墙”有待加固，言行的“安全网”还需完善。

通过开展基础调研、重点访谈和对以往发生的各类案例进行统计分析，我们发现存在相当一部分人员对国家安全和保密类宣传教育的传统组织形式（如开会、学习文件、观看警示教育片等）学习兴趣不足，这直接影响了教育培训效果。因此，当前亟须对传统宣教模式进行优化调整。

本书编写组以《中华人民共和国国家安全法》和《中华人民共和国保守国家秘密法》等法律法规为基础，将严肃的法条和规定以生动、活泼、趣味的漫画故事形式进行展现和演绎；将传统严肃的警示格言，以押韵上口、幽默生动的“打油诗”进行重新诠释；将看起来复杂、背起来易混的知识点，以叙述卡通人物故事的形式在文中进行穿插，加深读者的印象。全书贴近生活，通俗易懂，寓教于乐。书中所有漫画人物形象设计、故事脚本编写和诗歌创作等均为项目团队原创。

本书的编创和付梓工作是北京航天长征科技信息研究所（以下简称“研究所”）在新时期积极响应上级创新驱动发展号召而策划和落地的项目；是研究所深入贯彻新发展理念，紧扣高质量发展的核心主题，科学把握新发展阶段历史机遇，不断创新业态发展模式的努力尝试；是研究所充分依托内部专业人才队伍优势，深入挖掘优势潜能，全力打造快速发展新引擎的战略体现；更是研究所致力于为各界合作伙伴提供专业的优质协作服务的能力体现。

大道无形，以柔力点滴润化思想；漫路求索，用热血浇铸卫国坚盾。希望通过阅读本书能够有效加深广大读者对于国家安全和日常保密事项的思想认识，增强安全防范意识，提升自我约束能力。在接触到涉及国家安全的敏感信息时，切记约束自身言行，使捍卫国家安全和保障自身幸福得到有机结合。让我们众志成城、聚水成川，为早日实现中华民族伟大复兴的中国梦贡献自己的力量！

本书编写组

2021年1月

目 录

登场人物介绍

单位涉密人员

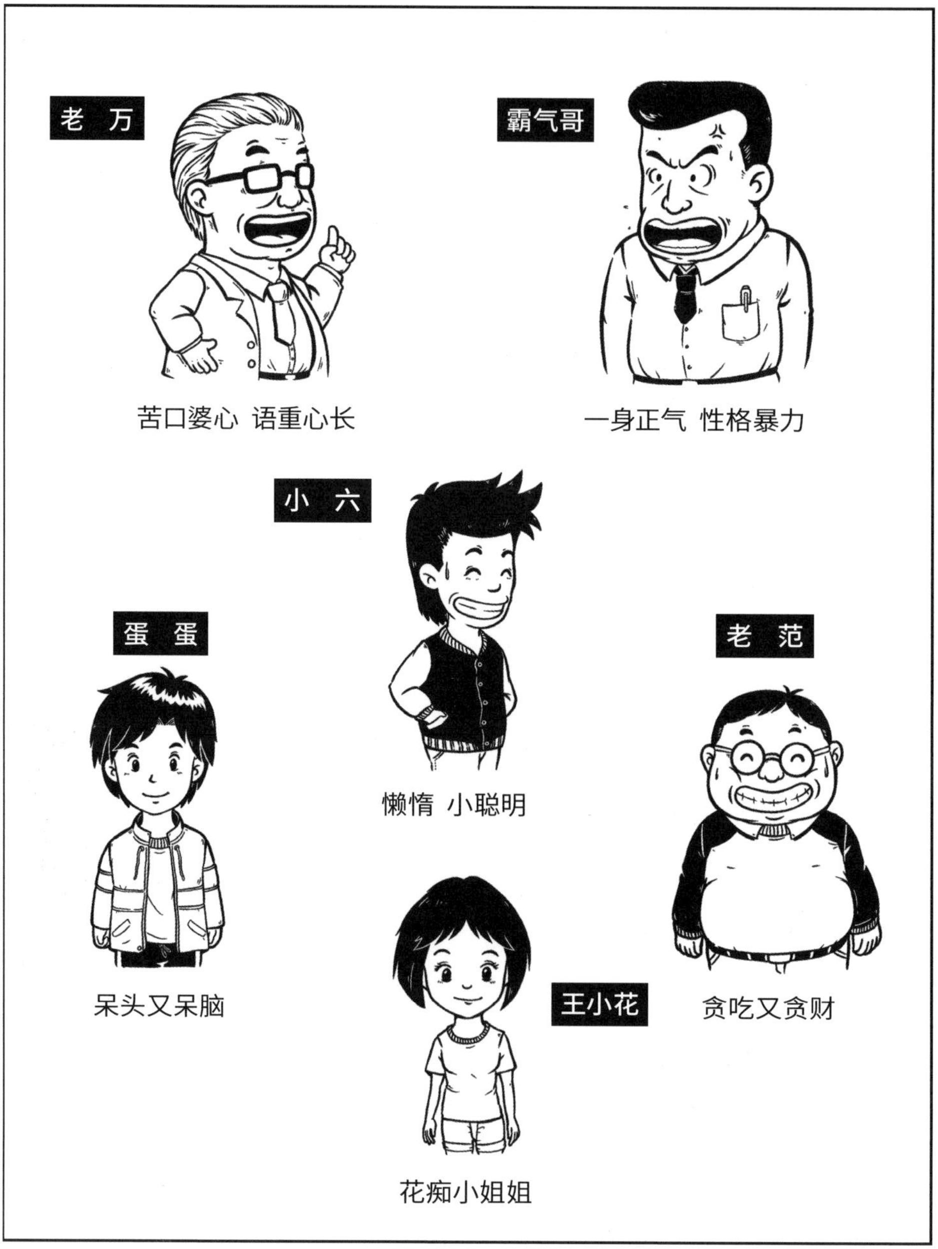

境外情报人员

老 K

暴力

毒 蛇

诡诈

玫 瑰

诱惑

贱 贱

板儿牙

双“贱”合并

《漫书保密》真是好，
工作生活离不了。
没事勤把秘诀念，
不犯错误保安全。

01. 偷懒快递来送密　出事保您进监狱

小六因通过普通快递传递国家秘密被依法追究刑事责任。

TIPS:《中华人民共和国保守国家秘密法》规定：禁止通过普通邮政、快递等无保密措施的渠道传递国家秘密载体。

---

*Boss:老板。

02. 涉密图片发上网　泄密事发入牢房

*Social达人：社交达人。

蛋蛋因非法拍摄国家秘密被依法追究刑事责任。

TIPS:《中华人民共和国保守国家秘密法》规定：禁止非法复制、记录、存储国家秘密。

03. 清扫密件胡乱弃　可怜前途断舍离

王小花因擅自丢弃涉密存储设备被依法追究刑事责任。

TIPS:《中华人民共和国保守国家秘密法》规定：禁止将未经安全技术处理的退出使用的涉密计算机、涉密存储设备赠送、出售、丢弃或者改作其他用途。

04. 涉密存储换鸡腿　泄密痛哭狱中悔

老范因擅自出售涉密存储设备被依法追究刑事责任。

TIPS:《中华人民共和国保守国家秘密法》规定：禁止将未经安全技术处理的退出使用的涉密计算机、涉密存储设备赠送、出售、丢弃或者改作其他用途。

05. 非密机发涉密件　狱友喊你去聊天

小六因通过公共信息网络传递国家秘密被依法追究刑事责任。

TIPS:《中华人民共和国保守国家秘密法》规定：禁止在互联网及其他公共信息网络或者未采取保密措施的有线和无线通信中传递国家秘密。

保密小知识

1. 小六要传递一份绝密级秘密载体，他 (B)。

A. 只能通过可靠快递

B. 必须通过机要交通、机要通信或者派人直接递送

C. 只能通过机要通信递送

2. 王小花遗失了属于国家秘密的文件、资料或者其他物品，自发现之日起，绝密级 (C) 内，机密、秘密级 (C) 内查无下落的，应当按照泄密事件处理。

A. 10 日，30 日

B. 15 日，60 日

C. 10 日，60 日

D. 15 日，30 日

3. 蛋蛋要复制国家秘密载体或者摘录属于国家秘密的内容，他应当遵守的保密管理要求是 (B)。

A. 在收文本上重新登记、编号即可

B. 按照原件的密级、保密期限和知悉范围管理

C. 可以做解密处理

D. 可以视情况加盖复印章

4. 一份文件为秘密级，保密期限是 5 年，标志形式应当是 (C)。

A. 秘密 5 年　　B. 秘密★

C. 秘密★ 5 年　　D. 秘密● 5 年

5. 有关国家秘密载体管理正确的说法是 (ABC)。

A. 国家秘密载体应当按照有关规定做出国家秘密标志，标明密级和保密期限

B. 未定稿的涉密电子文档也应当按照有关规定做出国家秘密标志，标明密级和保密期限

C. 因工作需要携带国家秘密载体外出应当按照有关规定履行审批手续，并采取保密措施

D. 销毁磁介质国家秘密载体时应当将涉密信息全部删除干净

国家秘密分三类，定密之后要保卫。
各项纪律须遵守，泄密出事你要废。
依照情节来定罪，扣钱扣到人憔悴。
万一事大有法追，多年辛劳化成灰。
牢记原则自谨慎，永葆功成意顺遂。

06. 涉密信息随便说　惩罚就在隔壁桌

小六因在公共场合谈论国家秘密被单位内部处分。

TIPS:《中华人民共和国保守国家秘密法》规定：禁止在私人交往和通信中涉及国家秘密。

07. 违规携密混出境　出事牢中去反省

蛋蛋因擅自携带国家秘密载体出境被依法追究刑事责任。

TIPS:《中华人民共和国保守国家秘密法》规定：禁止邮寄、托运国家秘密载体出境，或者未经有关主管部门批准，携带、传递国家秘密载体出境。

08. 涉密信息私自录　按照规定要严处

小六因非法存储国家秘密被单位内部处分。

TIPS:《中华人民共和国保守国家秘密法》规定：禁止非法复制、记录、存储国家秘密。

09. 心存侥幸密换钱　国法难容牢中见

老范因出卖国家秘密被依法追究刑事责任。

TIPS:《中华人民共和国保守国家秘密法》规定：禁止买卖、转送或者私自销毁国家秘密载体。

10. 涉密电脑私联网　从此月光狱中赏

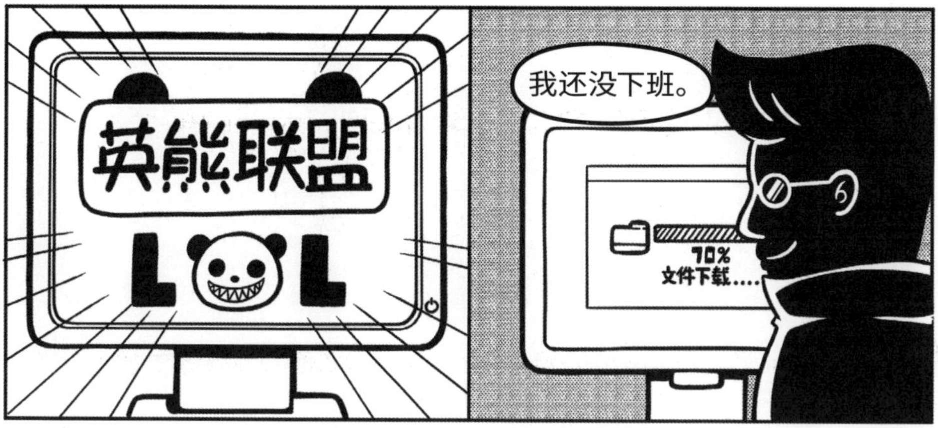

小六因将涉密计算机接入互联网被依法追究刑事责任。

TIPS:《中华人民共和国保守国家秘密法》规定：禁止将涉密计算机、涉密存储设备接入互联网及其他公共信息网络。

保密小知识

1. 下列关于涉密载体管理说法错误的是 (A)。

A. 涉密载体丢失后经查找找回的无须报告

B. 离开办公场所，将涉密载体存放在保密设备中

C. 将涉密载体保存在安全保密的场所和部位，并配备必要的保密设施、设备，清查、核对

2. 蛋蛋携带涉密载体出境，遇到危及所携带的国家秘密载体安全的紧急情况时，蛋蛋要立即 (C) 所携带的秘密载体，并及时向本单位的保密部门报告。

A. 邮寄　B. 藏匿

C. 销毁　D. 上缴

3. 蛋蛋要去参加涉外活动需要携带机密级、秘密级涉密载体，要经 (D) 批准。

A. 保密工作机构　B. 上级机关

C. 保密行政管理部门　D. 机关、单位负责人

4. 《中华人民共和国刑法》第三百九十八条规定，国家机关工作人员违反《中华人民共和国保守国家秘密法》的规定，故意或者过失泄露国家秘密，情节特别严重的，处 (B)。

A. 十年以上有期徒刑或无期徒刑　B. 三年以上七年以下有期徒刑

C. 五年以上十年以下有期徒刑　D. 三年以下有期徒刑

5. 小六在使用涉密计算机，以下行为中错误的有 (ABCD)。

A. 可以安装 IP 服务器端，面向系统用户提供涉密文档资料下载和上传

B. 根据工作需要，可以安装摄像头

C. 根据工作需要，可以使用个人 U 盘

D. 在计算机上安装个人的硬盘，作为备份之用

山外青山楼外楼，吹牛炫耀几时休？
酒气熏得桌椅醉，口若悬河密外流。
说者无心听有意，谁知谁人是奸细？
若要避免事端起，切记非公莫谈密！

11. 私装软件提效率　自作聪明实则愚

蛋蛋因擅自安装自名单外软件被单位内部处分。

TIPS:《武器装备科研生产单位保密资格标准》规定：禁止未经审批，私自安装软件白名单以外的软件。

12. 涉密工作网上办　距离泄密仅一线

经鉴定数据未扩散，蛋蛋被单位内部处分。

TIPS:《中华人民共和国保守国家秘密法》规定：禁止使用非涉密计算机、非涉密存储设备存储、处理国家秘密信息。

13. 一时报复把密泄　漫漫狱中度岁月

老范非法向境外组织提供国家秘密，被依法追究刑事责任。

TIPS:《中华人民共和国反间谍法》规定：禁止间谍组织及其代理人以外的其他境外机构、组织、个人实施或者指使、资助他人实施，或者境内机构、组织、个人与其相勾结实施的窃取、刺探、收买或者非法提供国家秘密或者情报，或者策动、引诱、收买国家工作人员叛变的活动。

14. 涉密电脑莫私装　否则身心很受伤

小六因涉密电脑私自重装系统被单位内部处分。

TIPS:《武器装备科研生产单位保密资格标准》规定：禁止擅自安装、卸载涉密计算机操作系统。

15. 涉密载体私自销　履历里面污点标

霸气哥因擅自销毁涉密材料被单位内部处分。

TIPS:《中华人民共和国保守国家秘密法》规定：禁止买卖、转送或者私自销毁国家秘密载体。

保密小知识

1. 老范涉嫌故意泄露 (D) 以上的，应以故意泄露国家秘密罪立案。

A. 秘密级国家秘密 1 项 (件)

B. 机密级国家秘密 1 项 (件)

C. 秘密级国家秘密 2 项 (件)

D. 机密级国家秘密 2 项 (件)

2. 违反《中华人民共和国保守国家秘密法》的规定，(B) 泄露国家秘密，情节严重的，依照刑法有关规定追究刑事责任。

A. 故意　　B. 故意或者过失　　C. 过失　　D. 擅自

3. 老万的部门近期要召开涉密会议并对相关内容进行宣传报道，下列说法不符合保密要求的是 (A)。

A. 有关业务主管部门无须审查公开报道内容

B. 会议有新闻通稿或报道口径的，应按照新闻通稿或报道口径报道

C. 经会议、活动组织者审批后，可公开报道和播放稿件、录像、图片等

D. 撰写新闻稿件，不得涉及国家秘密

4.《中华人民共和国刑法》第一百一十一条规定，为境外的机构、组织、人员窃取、刺探、收买、非法提供国家秘密或者情报的，处 (B)。

A. 三年以下有期徒刑　　B. 五年以上十年以下有期徒刑

C. 三年以上七年以下有期徒刑　　D. 十年以上有期徒刑或无期徒刑

5. 以下有关国家秘密载体管理违反保密要求的是 (ABD)。

A. 涉密人员岗位调整以后，仍然在本单位其他涉密岗位工作的不需要清退所保管和使用的国家秘密载体

B. 国家秘密载体都应当存放在密码保险拒中

C. 涉密人员辞职时应当在办理完辞职手续后，清退所有保管和使用过的国家秘密载体

D. 对体积较大，不便于存放在保密柜中的密品，其保管场所应当具备相应的保密防护措施

一名泄密者的自白：

曾经有一份重要的密件摆在我的面前，但我没有珍惜，等到丢失之后我才追悔莫及，尘世间最痛苦的事莫过于此。如果上天可以再给我一次机会，我会对丢失的那个密件说八个字："我要用生命保护你！"如果我可以选择，非要在这份密件前加一个密级和黑色星号，我多么希望是"★非密资料"！

16. 涉密资料私外借　当心坐牢成职业

王小花、蛋蛋及舅舅们被依法追究刑事责任。

TIPS:《中华人民共和国保守国家秘密法》规定：禁止买卖、转送或者私自销毁国家秘密载体。

17. 警惕美色与攀拉　大意就把前途搭

小六得到单位通报表扬。

TIPS: 涉密人员如遇主动攀拉、搭讪等情况应在第一时间主动报告单位保密部门并积极配合有关单位的调查。

18. 遇到威胁莫惊慌　相信祖国相信党

TIPS: 当你在境外遇到危险时，应及时向单位和所在国中国大使馆进行报告。请记住：国家在你身后！

19. 军事照片随手拍　贪财反把自身害

小六因泄露国家秘密被依法追究刑事责任。

TIPS:《中华人民共和国军事设备保护法》规定：禁止对军事禁区、军事管理区非法进行摄影、摄像、录音、勘察、测量、描绘和记述。

20. 涉密资料邮出境　必受处分要警醒

小六和蛋蛋因“邮寄、托运国家秘密载体出境”被单位内部处分。

TIPS:《中华人民共和国保守国家秘密法》规定：禁止邮寄、托运国家秘密载体出境，或者未经有关主管部门批准，携带、传递国家秘密载体出境。

保密小知识

1. 老万要分包一项涉密项目，应当选择的单位是(D)。

A. 科技实力强的单位

B. 与科研项目相对应的单位

C. 资金雄厚的单位

D. 具有相应保密资格的单位

2. 《中华人民共和国保守国家秘密法》规定，过失泄露绝密级(B)件、机密级(B)件或者秘密级(B)件的，应予立案。

A. 2, 2, 4　　B. 1, 3, 4

C. 1, 3, 5　　D. 1, 2, 4

3. 依据《中华人民共和国保守国家秘密法》规定，老万工作的涉密场所所使用的通信设备要求是(B)。

A. 可以使用无绳电话、蓝牙耳机

B. 禁止使用无线通信设备

C. 可以使用具有 Wi-Fi、红外等无线互联功能的设备

D. 可以用手机连接互联网做热点

4. 全国国家安全机关举报受理电话是(D)。

A. 12345　　B. 12559

C. 10086　　D. 12339

5. 小六单位拍摄涉密活动的数码相机存储卡，下列做法中正确的有(BC)。

A. 可借给个人拍摄日常生活活动

B. 应当列入台账的管理

C. 应当粘贴标识

D. 可以接入互联网计算机

黑客缦胡缨，贼眼霜月明。
后台装木马，盗速赛流星。
数秒窃密走，千里不留行。
事了下线去，深藏网上名。
惊醒追悔晚，泄密事已成。
劝君遵章纪，警钟耳畔鸣。

21. 军事照片随手拍　兴趣反把自身害

蛋蛋的照相机被没收，被给予行政处罚。

TIPS:《中华人民共和国军事设备保护法》规定：禁止对军事禁区、军事管理区非法进行摄影、摄像、录音、勘察、测量、描绘和记述。

22. 涉密信息私投稿　罚款记过少不了

小六因故意泄露国家秘密被依法追究刑事责任。

TIPS:《武器装备科研生产单位保密资格标准》规定：未经单位业务主管部门保密审查和保密工作机构审核，禁止公开发表涉及军工科研生产事项的著作和论文。

23. 窃密卖钱恶至极　余生都在牢房里

老范因窃取和出卖国家秘密情报被依法追究刑事责任。

TIPS:《中华人民共和国反间谍法》规定：禁止间谍组织及其代理人以外的其他境外机构、组织、个人实施或者指使、资助他人实施，或者境内机构、组织、个人与其相勾结实施的窃取、刺探、收买或者非法提供国家秘密或者情报，或者策动、引诱、收买国家工作人员叛变的活动。

24. 妄图泄密换庇佑 败露沦为丧家狗

小六因非法向境外组织提供国家秘密被依法追究刑事责任。

TIPS:《中华人民共和国反间谍法》规定：禁止间谍组织及其代理人以外的其他境外机构、组织、个人实施或者指使、资助他人实施，或者境内机构、组织、个人与其相勾结实施的窃取、刺探、收买或者非法提供国家秘密或者情报，或者策动、引诱、收买国家工作人员叛变的活动。

---

* I'll be back！意为我会回来的！

25. 暗箭明枪若不防　泥潭深陷前途丧

蛋蛋因间谍行为被依法追究刑事责任。

TIPS:《中华人民共和国反间谍法》规定：参加间谍组织或者接受间谍组织及其代理人的任务的行为为间谍行为。

保密小知识

1. 《中华人民共和国保守国家秘密法》规定涉密信息系统不得与国际互联网或者其他公共信息网络连接，必须实行 (D)。

A. 逻辑隔离　　B. 强制隔离　　C. 安全隔离　　D. 物理隔离

2. 蛋蛋要使用便携式计算机，下列做法不符合保密规定的是 (D)。

A. 非涉密便携式计算机不得存储或者处理涉密信息

B. 涉密便携式计算机携带外出应当履行程序，带出前后应进行检查

C. 涉密便携式计算机应物理拆除无线联网模块

D. 未连接互联网的情况下，非涉密便携式计算机可以处理涉密信息，使用完毕后立即删除

3. 小六的单位为了工作需要，配备专供外出携带的涉密计算机和存储介质，以上设备在外出携带前后应当 (D)。

A. 及时销毁

B. 转交给其他涉密人员，继续携带外出使用

C. 删除涉密文件后，放入保密柜保存

D. 进行保密技术检查

4. 霸气哥单位新购置一批带有无线互联功能的笔记本电脑，准备作为涉密便携式计算机使用，下列做法符合规定的是 (C)。

A. 在操作系统的“设备管理器”中将无线网卡禁用

B. 将便携式计算机确定涉密等级并粘贴密级标识后，作为涉密计算机使用

C. 拆除具有无线互联功能的硬件模块

D. 从便携式计算机的 BIOS 设置中关闭无线网卡功能

5. 老万需要开展对外信息公开工作，以下哪些事项需要保密审查 (ABCD)。

A. 涉密单位内部新闻宣传

B. 军工单位发布科研生产或者重大活动信息

C. 涉密人员发表论文、著作或者接受采访

D. 军工产品参加展览

蒹葭苍苍，白露为霜。
有位伊人，隶属西方。
烈焰红唇，美艳无双。
你若从之，深陷难防。
把柄被握，惊恐断肠。
机密绝密，各类台账。
说与不说，犹豫彷徨。
稳住心神，不必慌张。
及时警醒，回头无妨。
告知有司，全部过往。
敌特诡诈，任其猖狂。
切莫从之，相信党中央。

26. 邪教愚民害社会　利刃降魔斩妖鬼

老万因及时举报危害国家安全的行为被相关部门给予奖励。

TIPS:《中华人民共和国反间谍法实施细则》规定：禁止组织、利用邪教进行危害国家安全活动的行为。

27. 造谣辱国真可耻　牢房已经留位置

贱贱和板儿牙因捏造、歪曲事实被行政处罚。

TIPS:《中华人民共和国反间谍实施细则》规定：禁止捏造、歪曲事实，发表、散步危害国家安全的文字或者信息，或者制作、传播、出版危害国家安全的音像制品或者其他出版物的行为。

28. 私自测绘窃情报　危害安全要挨削

毒蛇和老K因非法测绘被行政处罚。

TIPS:《中华人民共和国测绘法》规定:违反本法规定，外国的组织或者个人未经批准，或者未与中华人民共和国有关部门、单位合作，擅自从事测绘活动的，责令停止违法行为，没收违法所得、测绘成果和测绘工具，并处十万元以上五十万元以下的罚款；情节严重的，并处五十万元以上一百万元以下的罚款，限期出境或者驱逐出境；构成犯罪的，依法追究刑事责任。

29. 把柄被握遭胁迫　理智面对莫铸错

老范因非法提供国家秘密情报被依法追究刑事责任。

TIPS:《中华人民共和国反间谍法》规定：禁止间谍组织及其代理人以外的其他境外机构、组织、个人实施或者指使、资助他人实施，或者境内机构、组织、个人与其相勾结实施的窃取、刺探、收买或者非法提供国家秘密或者情报，或者策动、引诱、收买国家工作人员叛变的活动。

30. 私办手续悄移民　手铐肯定会降临

老万作为掌握国家秘密的技术专家私自叛逃国外，
导致国家安全受到危害被依法追究刑事责任。

TIPS:《中华人民共和国刑法》规定：国家机关工作人员在履行公务期间，擅离岗位，叛逃境外或者在境外叛逃的，处五年以下有期徒刑、拘役、管制或者剥夺政治权利；情节严重的，处五年以上十年以下有期徒刑。掌握国家秘密的国家工作人员叛逃境外或者在境外叛逃的，依照前款的规定从重处罚。

保密小知识

1. 在境外遇到危及所携带国家秘密载体安全的紧急情况时，要立即 (A) 所携带的秘密载体，并及时向本单位的保密部门报告。

A. 销毁　　B. 藏匿

C. 邮寄　　D. 上缴

2. 霸气哥要阅办秘密文件、资料和办理其他属于国家秘密的事项，应在 (A) 内进行。

A. 办公场所

B. 家中或办公场所

C. 饭馆

D. 酒店

3. 王小花的单位要开展涉外活动，保密管理要求说法错误的是 (D)

A. 不得带领国 (境) 外人员进入涉密场所

B. 与国 (境) 外人员会谈不得涉及国家秘密

C. 不得利用国 (境) 外人员办公设备处理涉密信息

D. 在紧急情况下，可以利用国 (境) 外通信设施进行涉密通信联络

4. 蛋蛋要组织召开涉密会议，下列保密管理要求说法错误的是 (A)

A. 可自行委托其他人员代替参加涉密会议、活动

B. 不得擅自记录、录音、摄像

C. 不得使用无线键盘、无线网卡等设备或装置

D. 不得将手机带入

5. 不能用来谈论国家秘密的无线通信设备包括 (ABCD)

A. 对讲机　　B. 普通手机

C. 电台　　D. iPad

不分场合聊秘密，你把间谍当空气。

一旦机要被窃取，辛劳逐水前功弃。

行政处罚连党纪，档案终身记一笔。

莫待错成时晚矣，空悔当初应守纪。

编后语

经过紧张而有序的精心筹备和编绘制作，原创安全漫画系列丛书的第一册《漫书保密：别让无知泄露天机》终于和广大读者正式见面了。在此，本书全体编创人员向关注和支持本书出版的朋友表示衷心的感谢！

保密责任重于泰山，国家安全人人有责！每一名肩负着实现中华民族伟大复兴中国梦的追梦人和践行者，都应该保守国家秘密，积极建设、坚决捍卫良好的国家安全大环境，为民族崛起筑牢安全基石。本书结合日常工作生活中容易触碰的 30 条保密和国家安全的违法违规底线、红线，构思了 30 个微型漫画故事场景，由原创的 11 名漫画人物进行情景演绎，期许这些警示故事能够在读者心中播种下一粒粒安全自省的种子，在爱国守纪的土壤中绽放出自觉自查的明澈之花。这些警示故事既是我们对广大读者的温馨提示和细心提醒，也是北京航天长征科技信息研究所为凝聚全民保密和国家安全共识、深化安全文化体系认同、共创和谐稳定新局面所贡献的一份应尽之力。

看似寻常最奇崛，成如容易却艰辛。在项目从星火创意到濡毫成书的过程中，主创团队的成员们以“使命担当、夜以继日”的拼搏精神、“集智攻关、创新进取”的激昂斗志、“钻研法规、严谨细致”的慎实态度，深挖自身专业优势，统筹各方优质资源，着力打造硬核内容，最终实现了本书的成功出版发行。

在本书的编创过程中，我们得到了来自各级各界领导和专家的大力支持和耐心指导。对此，我们怀着感恩的心，由衷地向为本项目给予关怀与帮助的各位领导和专家致以最诚挚的感谢！

凡是过往，皆为序章。我们会继续总结经验、弥补不足、开拓奋进、砥砺前行，积极投入本系列漫画故事创作、人物 IP 打造、多媒体转化等工作当中，力争早日推出后续图书和相关文创产品，以飨广大读者。

本书编写组

2021 年 4 月